Alek Honse

INTELIGÊNCIA SENTIMENTAL

ALEK HONSE

Inteligência Sentimental

Alek Honse

Inteligência Sentimental

Para Lívia com amor.

Inteligência Sentimental

A Leila. Adoro dizer seu nome.

Inteligência Sentimental

Marcelo Gilberto, amigo e irmão, parceiro nesta caminhada.

Inteligência Sentimental

Apresentação

Quando eu era pequeno o mundo era dividido entre as pessoas que eram "inteligentes" e as "burras", ainda não havia o conceito do "bullyng" e portanto todos as crianças eram alvos desse tipo de agressão.

Os primeiros eram aqueles que tiravam boas notas na escola, passavam de ano com louvor, não ficavam em recuperação e sempre eram elogiados pelos professores. Os segundos, os "burros", eram aqueles que ou reprovavam de ano ou passavam raspando, ficavam para segunda época, eram aprovados no Conselho Escolar, poucos concluíam os anos iniciais da vida escolar e raros chegavam a vida acadêmica, ainda mais raros os que se graduavam e ainda assim, em faculdades de pouca expressão.

Testes de QI eram aplicados sistematicamente e os que obtinham os melhores resultados os exibiam como troféus.

Com o tempo, estudos demonstraram que nem todos os indivíduos possuem as mesmas habilidades para aprender da mesma forma. Que uma pessoa iletrada poderia *à priori* ser um excelente agrônomo sem nunca ter frequentado uma faculdade de Agronomia, ser um excelente mecânico sem nunca ter passado por uma escola técnica ou ainda ser um grande construtor de pontes sem ter cursado engenharia.

Mais adiante, os estudos psíquicos e psicológicos demonstraram que há tendências de aprendizagem relacionadas com a empatia do SER com a coisa em si. O indivíduo aprende e faz bem feito aquilo que gosta de fazer.

O psicólogo americano Daniel Goleman. Cunhou o termo *INTELIGENCIA EMOCIONAL* para demonstrar as grandes vantagens das pessoas com inteligência emocional e a capacidade de se auto motivar e seguir em frente, mesmo diante de frustrações e desilusões.

Entre as características da inteligência emocional está a capacidade de controlar impulsos, canalizar emoções para situações adequadas, praticar a gratidão e motivar as pessoas, além de outras qualidades que possam ajudar a encorajar outros indivíduos.

Apesar dos avanços dessa descoberta e do sucesso de seu método, entendemos que muitos indivíduos apesar de estarem hoje muito mais EMOCIONALMENTE INTELIGENTES que no passado, que a pedagogia aboliu as pavorosas "ORELHAS DE BURRO", após a descoberta de distúrbios como TDHA entre outros e das políticas inclusivas, boa parte da população sofre do que aqui denomino **INTELIGENCIA SENTIMENTAL**.

A primeira vista, parece que estamos apenas fazendo um trocadilho entre as palavras emocional e sentimental, mas ao longo deste livro mostraremos que o conceito vai além da semântica.

A ***Inteligência Sentimental*** vem preencher uma lacuna que muitas pessoas carregam e não as permite encontrar seu lugar no mundo, torna-as pessoas desequilibradas, desajustadas dos padrões estabelecidos pela sociedade, gerando assim angústia e incapacidade reativa diante de situações que para outras pessoas seria rotineiro.

E se, ao final deste trabalho, conseguirmos, potencializar Sentimentalmente Inteligências adormecidas, já nos daremos por satisfeitos.

O autor

São Paulo – Inverno 2022

Inteligência Sentimental

Sobre este livro

Nas últimas décadas com o avanço da tecnologia, acesso a bens de consumo, a competitividade profissional, a disponibilidade de relacionamentos sem compromisso a humanidade tem sofrido com muitas doenças mentais.

Síndrome do pânico, depressão, ansiedade, borderline, TDH, entre outras tantas trouxeram um mundo de preocupações e uma busca desenfreada por soluções.

Emoções a flor da pele jogam os indivíduos em conflito constantemente.

Crises de estresse e brigas por coisas fúteis. Todos estão no limite.

A busca por terapias alternativas explodiu. Do reike ao passe espírita, da novena católica as sessões de descarrego nos templos neopentecostais, das noites em mesas de bar regadas a álcool a drogas ilícitas, do tabaco ao antidepressivo. E nada parece fazer efeito.

A agressividade está em alta, a intolerância em cada olhar, a explosão pode ocorrer a qualquer momento, em qualquer lugar. Uma "fechada" no trânsito, um esbarrão na balada, uma palavra mal colocada, tudo é motivo para o "copo" transbordar.

Buscar o equilíbrio é essencial para vencermos este momento difícil da civilização, encontrar a paz que almejamos e assim conseguirmos nos reencontrar com nossa essência.

Este livro não pretende ser um manual, uma receita pronta para que todos possam resolver seus problemas. Isso não existe.

Pretendo aqui conceituar o que é ***Inteligência Sentimental***, propondo então que cada um possa se observar e encontrar seu próprio caminho.

Não há mapa, não há fórmula, não há receita.

Contudo é possível ao individuo Inteligente Sentimentalmente ter o equilíbrio necessário para vencer as agruras do dia a dia e sim, ser feliz dentro de suas limitações e com os seus propósitos.

É sobre isso que este livro fala. Sobre a busca constante por uma vida mentalmente mais saudável, reconhecendo que cada um tem seu momento para atingir suas metas.

Viver com ***Inteligência Sentimental*** é mais um caminho que se abre para o eterno retorno do que pensamos e queremos ser com o que de fato somos.

E somente após este reencontro a vida passará a fazer sentido e mostrar-se com toda a sua beleza, suas possibilidades e a capacidade do SER de vencer todo e qualquer desfio que se presente.

O individuo Inteligente Sentimentalmente é capaz de ouvir os maiores impropérios e se calar, controlando a emoção do momento, racionalizar o que ouviu sentir o que se passa e só então decidir se vai manifestar-se no momento ou posteriormente.

Um individuo com a ***Inteligência Sentimental*** desenvolvida não explode, não julga, não briga. Entende que o outro ainda está em desequilíbrio e ao invés do confronto, busca estender a mão para que tanto quanto ele o seu antagonista também possa evoluir.

Foi para isso que este livro foi escrito.

O caminho é longo, não será fácil, mas é absolutamente possível.

Por um mundo mais Inteligente Emocionalmente, mas, sobretudo por um mundo com mais ***Inteligência Sentimental.***

ÍNDICE

Inteligência Sentimental

Capítulo I

DEFINIÇÕES ACADÊMICAS

Inteligência Sentimental

Foi Charles Darwin quem primeiro se utilizou de um conceito para o que hoje conhecemos como Inteligência Emocional. O pesquisador inglês cunhou o termo como expressão emocional para a sobrevivência e adaptação. Embora as definições tradicionais de inteligência enfatizem os aspectos cognitivos, como memória e resolução de problemas, vários pesquisadores de renome no campo da inteligência reconhecem a importância de aspectos não-cognitivos.

Em 1920 o psicometrista Robert L Thomdike da Universidade de Columbia usou o termo "inteligência social" para descrever a capacidade de compreender e motivar os outros, David Wechslerem em 1940, descreveu a influência dos fatores não-intelectuais sobre o comportamento inteligente, e defendeu ainda que os nossos modelos de inteligência não estariam completos até que esses fatores não pudessem ser adequadamente descritos.

Em 1983 Howard Gardner em sua teoria das Inteligências Múltiplas, introduziu a ideia de incluir tanto os conceitos de inteligência intrapessoal (capacidade de compreender a si mesmo e de apreciar os próprios sentimentos, medos e motivações) quanto de inteligência interpessoal (capacidade de compreender as intenções, motivações e desejos dos outros). Para Gardner, indicadores de inteligência como o QI não explicam completamente a capacidade cognitiva. Assim, embora os nomes dados ao conceito tenham variado, há uma crença comum de que as definições tradicionais de inteligência não dão uma explicação completa sobre as suas características.

O primeiro uso do termo "inteligência emocional" é geralmente atribuído a Wayne Payne, citado em sua tese de doutorado, em 1985. O termo, entretanto, havia aparecido anteriormente em textos de Hanskare Leuner (1966).

Stanley Greenspan também apresentou em 1989 um modelo de inteligência emocional, seguido por Peter Salovey e John D. Mayer (1990), e Goleman (1995).

Na década de 1990 a expressão "inteligência emocional", tornou-se tema de vários livros e foi despertado pelo livro "Inteligência Emocional", de Daniel Goleman redator de Ciência do "The New

York Times" em 1995. No mesmo ano, na capa da edição de outubro, a revista Time perguntava ao leitor.

- "Qual é o seu QE?".

Apresentando um importante artigo assinado por Nancy Gibbs sobre o livro de Goleman e despertando o interesse da mídia sobre o tema. A partir de então, os artigos sobre inteligência emocional começaram a aparecer com frequência cada vez maior por meio de uma ampla gama de entidades acadêmicas e de periódicos populares.

Inteligência Sentimental

Capítulo II

Os conceitos de Salovey & Mayer

Salovey e Mayer definiram inteligência emocional como sendo "..a capacidade de perceber e exprimir a emoção, assimilá-la ao pensamento, compreender e raciocinar com ela, e saber regulá-la em si próprio e nos outros."

Dividiram-na em quatro temas chamados domínios:

1. Percepção das emoções - inclui habilidades envolvidas na identificação de sentimentos por estímulos, como a voz ou a expressão facial, por exemplo. A pessoa que possui essa habilidade identifica a variação e mudança no estado emocional de outra.

2. Uso das emoções: implica na capacidade de empregar as informações emocionais para facilitar o pensamento e o raciocínio.

3. Entender emoções - é a habilidade de captar variações emocionais nem sempre evidentes;
4. Controle (e transformação) da emoção : constitui o aspecto mais facilmente reconhecido da inteligência emocional, é a

aptidão para lidar com os próprios sentimentos.

Capítulo III

O conceito de Goleman

Inteligência Sentimental

Goleman definiu inteligência emocional como

"capacidade de identificar os nossos próprios sentimentos e os dos outros, de nos motivarmos e de gerir bem as emoções dentro de nós e nos nossos relacionamentos.".

Para ele, a inteligência emocional é a maior responsável pelo sucesso ou insucesso dos indivíduos. Como exemplo, recorda que a maioria das situações de trabalho é envolvida por relacionamentos entre as pessoas e, desse modo, pessoas com qualidades de relacionamento humano, como afabilidade, compreensão e gentileza têm mais chances de obter o sucesso.

Segundo ele, a inteligência emocional pode ser categorizada em cinco habilidades:

1. Autoconhecimento Emocional : reconhecer as próprias emoções e sentimentos quando ocorrem.
2. Controlo Emocional - lidar com os próprios sentimentos, adequando-os a cada situação vivida.

3. Auto Motivação: dirigir as emoções a serviço de um objetivo ou realização pessoal.
4. Reconhecimento de emoções em outras pessoas - reconhecer emoções no outro e empatia de sentimentos.
5. Habilidade em relacionamentos interpessoais - interação com outros indivíduos utilizando competências sociais.

As três primeiras são habilidades intrapessoais e as duas últimas, interpessoais. Tanto quanto as primeiras são essenciais ao autoconhecimento, estas últimas são importantes em:

1. Organização de Grupos: habilidade essencial da liderança, que envolve iniciativa e coordenação de esforços de um grupo, bem como a habilidade de obter do grupo o reconhecimento da liderança e uma cooperação espontânea.

2. Negociação de Soluções: característica do mediador, prevenindo e resolvendo conflitos.

3. Empatia - é a capacidade de, ao identificar e compreender os desejos e sentimentos dos indivíduos, reagir adequadamente de forma a canalizá-los ao interesse comum.

Sensibilidade Social - é a capacidade de detectar e identificar sentimentos e motivos das pessoas.

Inteligência Sentimental

Capítulo IV

DEFINIÇÃO DE INTELIGÊNCIA

Inteligência Sentimental

Inteligência é um conjunto que forma todas as características intelectuais de um indivíduo, ou seja, a faculdade de conhecer, compreender, raciocinar, pensar e interpretar. A inteligência é uma das principais distinções entre o ser humano e os outros animais.
Etimologicamente, a palavra "inteligência" se originou a partir do latim *intelligentia*, oriundo de *intelligere*, em que o prefixo *inter* significa "entre", e *legere* quer dizer "escolha".

Assim sendo, o significado original deste termo faz referência a capacidade de escolha de um indivíduo entre as várias possibilidades ou opções que lhe são apresentadas.

Para a escolha da melhor e mais adequada oportunidade, entre as várias opções, uma pessoa precisa avaliar ao máximo todas as vantagens e desvantagens das hipóteses, necessitando para isso da capacidade de raciocinar, pensar e compreender, ou seja, a base do que forma a inteligência.

Entre as faculdades que constituem a inteligência, também está o funcionamento e o uso da memória, do juízo, da abstração, da imaginação e da concepção.

Os conceitos e definições da inteligência variam de acordo com o grupo a que se referem. Por exemplo, na psicologia, a chamada "inteligência psicológica" é a capacidade de aprender e relacionar, ou seja, a cognição de um indivíduo; enquanto que no ramo da biologia, a "inteligência biológica" seria a capacidade de se adaptar a novos habitats ou situações.

Capítulo V

PSICOLOGIA

Inteligência Sentimental

O termo *inteligência* é ainda usado pelos psicólogos com considerável latitude de sentido.

Por vezes emprega-se como sinônimo de cognição (tal como a palavra "entendimento"), isto é, aplica-se a qualquer dos processos pelos quais se constrói o conhecimento; outras vezes é restringido aos processos conceptuais, como distintos dos processos de percepção sensível; e em alguns casos é usado no sentido ainda mais restrito da função de apreender relações, ou, até, especiais formas de relação.

Os que se ocupam dos chamados "testes" de *inteligência* não têm conseguido muito determinar com precisão o que seja a *inteligência* que tais testes se propõem determinar.

No uso comum e cotidiano, tende-se a sublinhar o caráter prático da *inteligência*, como consistindo na capacidade de empregar meios adequados para atingir os vários fins que se tem em vista.

Em um sentido restrito, a que convém atermo-nos, a inteligência é a função de apreender conexões, incluindo neste último vocábulo as relações causais e as ideacionais, racionais ou lógicas, ou seja, relações de independência causal ou de interdependência ideacional, inteligível.

Nestes sentidos, todas as conexões são relações, mas nem todas as relações são conexões: e assim, por exemplo, as relações mais simples entre as coisas, como a sua semelhança ou dessemelhança, ou as meras relações no espaço e no tempo, como acima e abaixo, antes e depois, são conexões.

Capítulo VI

PSIQUIATRIA

Inteligência Sentimental

No ponto de vista psiquiátrico, interessam sobretudo os atrasos congênitos ou precocemente adquiridos do desenvolvimento intelectual (Oligofrenia, Idiotia, Imbecilidade, Debilidade mental) e os estados de enfraquecimento das capacidades intelectuais, adquiridos em indivíduos até então normais, em virtude da instalação e desenvolvimento de um processo mórbido encéfalo (Demência).

Nas outras doenças mentais não há propriamente alterações da inteligência; assim, por exemplo, a paranoia e certas psicoses paranoides evolucionam com conservação perfeita dos dotes intelectuais.

Inteligência Sentimental

Capítulo VII
FILOSOFIA

Aplica-se a designação de *intelectualismo* a toda tendência que acentue a importância do pensamento propriamente dito em relação ao sentimento e à volição[1], ou até em relação à sensação e à intuição sensível; a toda doutrina segundo a qual tudo quanto existe é redutível, pelo menos em princípio, a elementos propriamente intelectuais; a ideias; ou ainda a toda concepção segundo a qual se reduz a elementos intelectuais uma classe de fatos considerados pela maioria dos pensadores como irredutíveis à inteligência. Na segunda acepção, o *intelectualismo* pode ser entendido de duas maneiras diferentes, a saber:

1.º, a tese de que o ser é distinto da inteligência, mas podendo esta última dar dele uma tradução exata e completa;

1 Volição: até de decidir, atitude de tomar uma decisão ou uma decisão já feita

2.º a de que o ser é o pensamento (idealismo). A palavra opõe-se a "voluntarismo" e a "pragmatismo".

O voluntarismo, com efeito, afirma a ininteligibilidade radical do mundo real, cuja essência seria falha de fundamento lógico e estranha, pelo menos em parte, ao princípio de razão suficiente; sustenta ainda a independência, e até a primazia de fato, das funções afetivas em relação à inteligência; e crê, enfim, na superioridade da ação e do sentimento sobre o pensamento refletido.

Filosofia moral: o *intelectualismo* tende a identificar a virtude com o conhecimento, o mal com a ignorância.

Epistemologia: dá-se mais importância à ideia do que à sensação ou intuição sensível.

Ontologia: concebe que a última natureza da realidade é alguma espécie de inteligência ou pelo menos, considera o Universo como inteiramente inteligível.

Estética: acentua a importância das ideias expressas ou sugeridas pelo objeto da contemplação estética.

Religião: inclina-se a ligar importância suprema à doutrina ou à filosófica religiosa, à custa do sentimento religioso ou da intuição religiosa.

Inteligência Sentimental

Capítulo VIII
Conceito de EMOÇÃO

Do latim *emotĭo*, a emoção é uma alteração intensa e passageira do ânimo, podendo ser agradável ou penosa, que surge na sequência de uma certa comoção somática.

Por outro lado, de acordo com os dicionários de língua portuguesa, a emoção desperta, em certa medida, um sentimento de agitação no indivíduo, expectante perante aquilo em que participa de determinada circunstância.

As emoções são reações psico-fisiológicas, que representam modos eficazes de adaptação face às mudanças ambientais, contextuais e/ou situacionais.

Em termos psicológicos, as emoções alteram a atenção e elevam o nível de determinados comportamentos na hierarquia de respostas do indivíduo.

No que diz respeito à fisiologia, as emoções organizam as respostas de muitos sistemas biológicos, inclusive as expressões faciais, os músculos, a voz e o sistema endócrino, com vista a estabelecer um meio interno ótimo em prol de um comportamento mais efetivo.

As emoções permitem que uma pessoa estabeleça a sua posição relativamente ao seu meio envolvente, sendo projetada para terceiros, objetos, ações ou ideias. As emoções funcionam também como uma espécie de depósito de influências inatas e aprendidas.

Na óptica do psicólogo Jean Piaget, existem condutas emocionais que estão relacionadas com os processos de construção de uma mente individual inteligente. Os processos de conhecimento do meio circundante são adquiridos através de um processo de evolução individual da inteligência, que seleciona estruturas internas relacionadas com a formação e as características estruturais do cérebro e os elementos do sistema nervoso, e as liga às percepções do meio. Deriva em processos mentais cada vez mais complexos, que envolvem a epigénese[2] das estruturas cognitivas.

2 Teoria segundo a qual o embrião se desenvolve a partir de um zigoto amorfo ou indiferenciado; epigenesia, epigenia.

Capítulo IX
Conceito de Empatia

Empatia significa é a capacidade psicológica para sentir o que sentiria uma outra pessoa caso estivesse na mesma situação vivenciada por ela.

Consiste em tentar compreender sentimentos e emoções procurando experimentar de forma objetiva e racional o que sente outro indivíduo.

A empatia leva as pessoas a ajudarem umas às outras. Está intimamente ligada ao altruísmo (amor e interesse pelo próximo) e à capacidade de ajudar. Quando um indivíduo consegue sentir a dor ou o sofrimento do outro ao se colocar no seu lugar, desperta a vontade de ajudar e de agir seguindo princípios morais e éticos.

A capacidade de se colocar no lugar do outro, que se desenvolve através da empatia, ajuda a compreender melhor o comportamento em determinadas circunstâncias e a forma como o outro toma as decisões.

Ser empático é ter afinidades e se identificar com outra pessoa. É saber ouvir os outros, compreender os seus problemas e emoções. Quando alguém diz "houve uma empatia imediata entre nós", isso significa que houve um grande envolvimento, uma identificação imediata. O contato com a outra pessoa gerou prazer, alegria e satisfação. Houve compatibilidade. Nesse contexto, a empatia pode ser considerada o oposto de antipatia.

Com origem no termo em grego *empatheia*, que significava "paixão", a empatia pressupõe uma comunicação afetiva com outra pessoa e é um dos fundamentos da identificação e compreensão psicológica de outros indivíduos.

A empatia é diferente da simpatia, porque a simpatia é maioritariamente uma resposta intelectual, enquanto a empatia é uma fusão emotiva.

Enquanto a simpatia indica uma vontade de estar na presença de outra pessoa e de agradá-la, a empatia faz brotar uma vontade de compreender e conhecer outra pessoa.

Na psicanálise, por exemplo, a empatia significa a capacidade de um terapeuta de se identificar com o seu paciente, havendo uma conexão afetiva e intuitiva.

Capítulo X

Conceito de SENSIBILIDADE SOCIAL

Inteligência Sentimental

A sensibilidade social consiste na capacidade de perceber como os outros pensam, sentem e tendem a agir, concomitantemente à própria atuação. Esta capacidade de percepção, de reação em situações interpessoais, determina a maior flexibilidade de comportamento tão necessária à vida e ao trabalho em grupo.

Desde o nascimento, já pertencemos a grupos, ou como escreveu Aristóteles: "o homem é um animal gregário".

A família nos recebe e atua sobre o nosso desenvolvimento, principalmente nos primeiros anos de vida. Mesmo crianças que são abandonadas pela família são criadas por outros grupos que funcionam como substitutos de famílias. São raros os casos de crianças que sobreviveram em isolamento social. Estes poucos casos serviram para mostrar ainda mais claramente a importância do grupo social na formação da personalidade humana.

O indivíduo humano tem uma natureza biológica especifica determinada, isto é, apresenta certas características que se desenvolverão tornando-o o animal-homem. Sua natureza como pessoa, entretanto, não está assim tão nitidamente determinada, senão todos os homens seriam tão semelhantes, em termos de personalidade, como o são em termos anatômicos e fisiológicos.

A personalidade humana se desenvolve de acordo com um potencial de características que o indivíduo traz ao nascer e que constituem sua herança bio-psicológica marcando os limites de sua educabilidade. A partir do nascimento, dependendo do ambiente em que vive e com o qual se inter-relaciona e dos grupos humanos dos quais faz parte, essas características em potencial vão surgindo e desenvolvendo-se de acordo com as influências a que está sendo submetido o indivíduo.

O conceito de "natureza humana" como produto da ação conjugada da hereditariedade e do meio é relativamente recente, resultando principalmente dos estudos de antropologia cultural.

Durante muito tempo a ideia de uma "natureza humana" inerente ao homem não era questionada, era aceita sem maiores dúvidas, tão natural parecia.

O estudo comparativo de grupos humanos de culturas diferentes mostrou entretanto, diferenças marcantes nos atributos humanos e colocou em discussão a tese da "natureza humana".

Muitos dos atributos anteriormente aceitos como *à priori* deslocados para a categoria de *à posteriori*, embora com relutância, pois faziam parte de uma concepção simplista da personalidade humana. A princípio era difícil acreditar que todas as características e condutas observadas faziam parte da "natureza humana" e não constituíam aberração ou anormalidade. Tudo que é diferente de nossos hábitos e costumes passa a ser encarado como "esquisito" ou "anormal". Os antropólogos verificaram que hábitos e costumes dependem da cultura em que vive o indivíduo. Havendo muitas culturas, haverá muitos costumes e hábitos diferentes sem que sejam anormais.

Ralph Linton observou que o homem, através de sua história, tem tido vaga consciência da existência da cultura e assim mesmo deve esta consciência aos contrastes entre os costumes de sua própria sociedade e os de outras com as quais entra em contato por acaso. A última coisa que um mergulhador do oceano profundo descobriria seria a água, da qual só tomaria conhecimento consciente se algum acidente o trouxesse para a superfície.

O conceito de cultura permitiu um progresso enorme no estudo científico dos grupos humanos e sua relação com a formação da personalidade, uma das áreas de maior interesse da psicologia.

O conceito estatístico de "normal" também conduziu à ênfase do grupo como elemento básico para a interpretação de fenômenos psicológicos e sociais.

Capítulo XI

Conceito de SENTIMENTO

Um sentimento é um estado afetivo que se produz por causas que o impressionam. Estas causas podem ser alegres e felizes, ou dolorosas e tristes. O sentimento surge como resultado de uma emoção que permite que o sujeito esteja consciente do seu estado anímico.

Os sentimentos estão vinculados à dinâmica cerebral e determinam de que forma uma pessoa reage perante distintos acontecimentos. Trata-se de impulsos da sensibilidade relativamente ao que se imagina como sendo positivo ou negativo.

Pode-se aferir que os sentimentos são emoções conceitualizadas que determinam o estado afetivo.

Sempre que os sentimentos são saudáveis, o estado anímico alcança a felicidade e a dinâmica cerebral flui com normalidade.

Caso contrário, o estado anímico não está em equilíbrio e podem surgir perturbações como a depressão.

As alterações nas cargas emocionais determinam as características dos sentimentos.

As emoções podem ser breves no tempo, embora possam gerar sentimentos que se mantêm durante períodos bastante extensos.

Os sentimentos podem ser positivos quando promovem boas ações, ou prejudiciais se fomentarem más ações. Neste último caso, é importante que o homem consiga dominar os seus sentimentos e modificá-los. Por exemplo: um sujeito que sinta ódio planeja realizar um assassinato. É, portanto, imprescindível que essa pessoa controle o seu sentimento de ódio de modo a evitar o crime.

A pessoa nunca se deve guiar unicamente pelos seus sentimentos, uma vez que estes são instintivos e como tal, podem representar uma perda de liberdade para o ser humano ou promover atos irracionais, tal como mencionado no exemplo anterior.

Capítulo XII

Diferença entre Sentimento e Emoção

Inteligência Sentimental

Agora que entendemos os principais conceitos de nosso objeto de estudo vamos marcar as diferenças que existem entre essas duas palavras que muitas vezes usamos como sinônimos, mas que como vimos, não o são.

A emoção em geral entende-se por qualquer estado, movimento ou condição que provoque no homem a percepção do valor que determinada situação tem para a sua vida, suas necessidades, seus interesses.

Aristóteles em seu livro a Ética a Nicômaco diz: "que emoção é toda afeição da alma, acompanhada pelo prazer ou pela dor", sendo o prazer e a dor a percepção do valor que o fato ou a situação que se refere a afeição tem para a vida.

Sartre ao teorizar sobre as emoções vê uma conduta dotada de sentido "por meio da qual o indivíduo se esforça por se adaptar ao mundo mudando-o ou negando-o de forma mágica".

Lúcio Packter na Filosofia Clínica, afirma que as emoções traduzem as composições subjetivas de dados sensoriais e abstratos que resultam em estados afetivos que tem origem em dados somente sensoriais, ou melhor, em movimento que a pessoa vivencia como um estado afetivo qualquer: prazer, dor, alegria, tristeza, amor, ódio, bem-estar, esperança, desejo, saudade, carinho.

Logo podemos dizer que uma emoção é uma reação a um estímulo ambiental. Neste sentido, podem causar experiências subjetivas e até mesmo alterações neurobiológicas. Elas ocorrem em uma região subcortical do cérebro e podem gerar mudanças no corpo.

Ao ser exposto à alguma emoção, o cérebro libera hormônios que alteram o estado emocional da pessoa. Isto quer dizer que podem ocorrer reações físicas, como palpitações, choro, suor e até mesmo dores inexplicáveis.

No entanto, diferente dos sentimentos, gerados a partir das emoções, essas reações são automáticas. Ou seja, perante algum acontecimento, cada pessoa passará por uma emoção distinta, que será desenvolvida no cérebro instantaneamente.

Por isso, são geralmente relacionadas à comunicação, pois são perceptíveis por outros indivíduos ao redor da pessoa emotiva, logo é possível identificar a origem da emoção caso seja analisada no momento, pois são geradas por fatos.

Apesar disso, uma pessoa pode ter uma emoção diferente da outra em um caso idêntico. Isto porque também dependem da experiência de vida de cada um, suas crenças e sentimentos que são bem mais complexos que as emoções.

Isto explica porque em alguns casos certos indivíduos respondem de maneira diferente a determinados acontecimentos.

As emoções podem ser:

- Primárias. Neste sentido, pode-se dizer que as primárias são aquelas mais perceptíveis por aqueles ao redor, como pânico ou alegria.

- Secundárias Já as emoções secundárias nem sempre são visíveis, pois podem ser emoções de nervosismo, vergonha ou culpa.

- Emoções de fundo são aquelas não perceptíveis, que proporcionam uma forma de bem ou mal-estar, como calma ou angústia.

As emoções causam reações físicas. Apesar de alguns indivíduos serem capazes de controlar estas reações para que não afetem o mundo ao redor, muitos consideram extremamente difícil manter as emoções sob controle.

Por exemplo: Ao voar do Rio de Janeiro para São Paulo, o avião passa por uma área de turbulência e gera um ataque de pânico (uma emoção) em uma passageira. Esta é ajudada pela comissária de bordo, que tem uma experiência de vida diferente daquela da passageira, podendo agir para tentar acalmá-la.

Outro exemplo: Após uma discussão acalorada em um bar depois de duas cervejas, dois homens acabam se envolvendo em uma briga. O conflito foi iniciado porque um discordou do que o outro acreditava o que gerou emoções de irritabilidade, que por consequência levaram a uma reação de iniciar uma luta entre os discordantes.

Por fim uma outra hipotética situação, apenas para ilustrar: um caçador é confrontado por um lobo, o que desencadeou uma emoção de nervosismo. No entanto, por estar acostumado com este tipo de situação, o indivíduo consegue manter as reações sob controle e pensar rapidamente na melhor estratégia para não sofrer um ataque por parte do animal.

Esses são apenas três exemplos de situações emotivas, dentre milhares de outros que acontecem todos os dias conosco, com pessoas que conhecemos ou que temos notícias.

É fácil perceber que em cada uma das situações narradas o desfecho foi diferente, dependendo do controle que os indivíduos tem sobre suas emoções e da Inteligência Sentimental de cada individuo.

Segundo o neurocientista português António Damásio, a emoção é um programa de ações, um conjunto das respostas motoras que o cérebro faz aparecer no corpo como resposta a algum evento. "É uma espécie de concerto de ações. Não tem nada a ver com o que se passa na mente".

De acordo com os estudos de Damásio, existe uma cadeia complexa de acontecimentos no organismo que começa na emoção e termina no sentimento. Uma parte do processo se torna pública (emoção) e outra sempre se mantém privada (sentimento). "As emoções ocorrem no teatro do corpo. Os sentimentos ocorrem no teatro da mente", afirma.

A relação muitas vezes envolve centésimos de segundos. É fácil perceber a emoção quando o coração acelera, os músculos se contraem ou o ar parece faltar dos pulmões. "Você pode me ver tendo uma emoção, não vê tudo, mas vê uma parte. Pode ver o que se passa na minha cara, a pele pode mudar, os movimentos que eu faço. Mas o sentimento você não pode ver", explica.

Os sentimentos são aquelas sensações que vão lá no fundo e que, se você não quiser, ninguém jamais vai saber. Quem passa por uma profunda tristeza, por exemplo, pode perfeitamente comportar-se como se estivesse alegre, pode até tentar enganar a si mesmo. Não é das questões mais fáceis e requer uma dose absurda de energia, mas é possível. A dor e o prazer são ingredientes essenciais dos sentimentos.

E para controlar diferentes sentimentos, há sistemas cerebrais diferentes.

Quando um bebê sorri, grita ou chora, ele está expressando uma comunicação, uma emoção, em busca de uma resposta adequada à necessidade daquele momento. Medo, raiva, tristeza ou alegria, por exemplo.

Falar dos sentimentos é sempre um dos caminhos para se autoconhecer. Eles fazem parte de processos duradouros, menos tempestivos.

Ter consciência de como você reage e se sente diante de cada emoção, portanto, é fundamental para se recuperar de uma emoção ou sentimento negativo. Esse processo é fundamental para manter o equilíbrio emocional. As emoções são reações inconscientes, enquanto os sentimentos são uma espécie de juízo sobre essas emoções.

Capítulo XIII

O que é sentimento?

O sentimento é o resultado de uma experiência emocional. Neste sentido, as reações geradas pelas emoções de forma consciente serão os gatilhos para a criação de sentimentos. Geralmente, são sensações que acontecem no "fundo da mente" e podem ser facilmente escondidas do mundo ao redor.

Entender a relação entre as emoções e os sentimentos é crucial para o autoconhecimento.

Isso porque um sentimento é algo profundo e que pode ser disfarçado pelo indivíduo. Por isso, é de extrema importância ter alguém de confiança com quem a pessoa possa dividir seus sentimentos. Fazer terapia com um profissional é um mecanismo muito importante e dá bom resultados.

Diferentemente das emoções, os sentimentos podem não ser passageiros e em alguns casos podem durar a vida toda.

Casos de sentimentos negativos (como tristeza profunda) podem causar doenças mentais como a depressão, a ansiedade, bipolaridade entre outras e se não tratadas, em casos graves podem até levar o individuo a cometer suicídio.

Apesar de serem menos intensos que as emoções, os sentimentos duram muito mais tempo. O que pode ser bom (como um sentimento de amor) ou ruim (como um sentimento de ódio).

Além disso, a causa do sentimento não é facilmente identificada, o que pode gerar angústia e sofrimento para quem lida com sentimentos negativos. Por ser de âmbito extremamente íntimo e facilmente ocultado, o sofrimento pode passar despercebido por todos que convivem com o individuo.

De modo geral, os sentimentos são vistos como uma disposição mental perante algo ou alguém.

Entre os exemplos de sentimento, pode-se citar: amor, felicidade, compaixão, ódio, inveja, decepção entre outros.

Estes são apenas alguns dos sentimentos, diria os mais comuns dos seres humanos, uma vez que dependendo do indivíduo, vários outros podem se apresentar.

Há o sentimento de curiosidade, gratidão, justiça, medo, entre centenas de outros.

Como visto, as emoções são reações do cérebro perante um acontecimento e podem até ser físicas. No entanto, são passageiras e podem gerar sentimentos ou não. Quando uma emoção resulta em um sentimento ele pode ser duradouro.

Se um ser humano está caminhando por uma floresta e se depara com um tigre, imediatamente será tomado por uma emoção de pânico.
Essa emoção fará o cérebro liberar hormônios para o indivíduo reagir à situação e se salvar. Isto gera o que a psicologia chama de comportamento de luta ou fuga.

No entanto, se um ser humano estiver pensando em um tigre e em seu instinto animal, que não o faria hesitar em atacar uma pessoa, o sentimento é de medo. Isto porque não se encontra frente a frente com o animal que lhe traz o sentimento à tona. Se estivesse, passaria por uma emoção.

Como já foi dito, emoções secundárias nem sempre são visíveis, pois podem ser emoções de nervosismo, vergonha, arrependimento ou culpa. Essas emoções são estados afetivos ou uma tendência afetiva geral que se opõe ao conhecimento a priori ou a posteriori da situação que envolve o individuo.

Spinoza nos traz o conceito de estados de alma ou estados psíquicos que são decorrentes do sentimento existente. Para o filósofo holandês existem sentimentos passivos como a passagem da paixão à ação. Neste caso ele contrapõe o conjunto de emoções e de inclinações do individuo, como egoísmo e altruísmo, a ideia de conhecimento intuitivo e imediato como oposição ao raciocínio.

O existencialismo a única forma que temos para entrar em contato com a existência concreta é por meio da emoção e do sentimento. Somente partindo do conhecimento sensível é que será possível chegar a estados emotivos, os mais diversos possíveis que podem gerar satisfação em uma pessoa e frustração em outra.

Importante aqui é deixar clara a distinção da sensação causada por sentimento e emoção. Do conhecimento do objeto que nos afeta decorrem os estados sentimentais ou emocionais que afetam o individuo.

Em seu dicionário técnico e critico, Lalande divide a palavra sentimento em dois grupos distintos, no primeiro a ideia essencial de estado afetivo contrapondo-se ao segundo que é a ideia de conhecimento imediato de onde se gera a acepção de opinião, parecer ou crença.

Todos os seres humanos têm a possibilidade de melhorar e desenvolver suas emoções.

A Inteligência Sentimental pode ser desenvolvida, treinada e aprimorada por meio da construção de novos hábitos, novas formas de pensar e se comportar.

A resposta que o individuo dará a suas emoções é a chave para encontrar o caminho do equilibro e de uma vida mais feliz.

É importante frisar que as emoções não estão sobre nosso controle.

É impossível não ficar irritado com o atraso do transporte público, ficar entediado com o trânsito, sensibilizar-se diante de uma cena de amor ou o sorriso de uma criança, por exemplo. Simplesmente uma emoção aflora em cada momento de nosso dia, não dá para controlar que elas surjam e nos afete mesmo que por um breve momento.

O que é possível fazer é entendê-las, estar mais consciente delas e partir do disparo emocional, conseguir controlar o

sentimento que será gerado a partir de então.
Esse sentimento será efêmero ou duradouro? Refletirá em nossa maneira de ver o mundo, de interagir com outras pessoas ou não será tão impactante?

A resposta para isso está na Inteligência Sentimental.

Aprender a entender o que se sente, racionalizar como cada sentimento nos afeta e impacta nossas vidas é a chave.

Os Sentimentos possuem a capacidade de facilitar o aprendizado, inclusive de situações sociais, bem como antecipar e planejar comportamentos.

Ou seja com a Inteligência Sentimental em ordem podemos imaginar o futuro e fazer previsões, nos livrando das consequências que decisões passionais nos imprimem e nos cercando de decisões pautadas no sentimento que provem do racionalismo.

Capítulo XII

A Inteligência Sentimental no cotidiano

Após essa explanação algumas perguntas se nos revelam:

Existe então essa tal de Inteligência Sentimental?

Para que serve?

Todos nós a possuímos?

Ela faz parte do nosso dia a dia?

Onde e quando podemos utiliza-la?

Como podemos fazer bom uso dela?

A primeira resposta é franca, simples e direta:

Sim, ela existe.

Para que serve?

Para tudo que envolve a nossa vida.

Todos nós a possuímos?

Sim, caro leitor. Todos temos INTELIGÊNCIA SENTIMENTAL, poucos de nós porém ou damos atenção a ela ou reconhecemos a sua importância.

Ela faz parte do nosso cotidiano?

Sim, mais do que imaginamos.

Onde podemos utilizá-la?

Em todos os lugares e momentos, do momento em que abrimos os olhos até o momento em que adormecemos.

Como podemos fazer bom uso dela?

Esse é o grande ponto, o X da questão. Não há segredos, porém, é necessário disciplina, treino constante e muita força de vontade para que a INTELIGÊNCIA SENTIMENTAL seja uma aliada em nossa vida.

Explicando de forma didática, com exemplos simples, retirados do cotidiano, relatados por amigos próximos que nos permitiram o compartilhamento de suas experiências (guardados os devidos cuidados com a discrição), casos noticiados pela imprensa, ou obras famosas de ficção de renome mundial, para que possamos nos identificar em quais situações o uso correto da INTELIGÊNCIA SENTIMENTAL foi importante aliado na superação dos obstáculos, conduzindo o indivíduo a uma vida mais feliz e infelizmente, em outros casos, quando a falta da INTELIGÊNCIA

SENTIMENTAL culminou com dolorosas consequências para os envolvidos.

O mesmo caso será retratado sob três aspectos diferentes:

1º UTILIZANDO COMO BASE UMA DECISÃO PASSIONAL;

2º UTILIZANDO COMO BASE APENAS A RAZÃO DO PROTAGONISTA;

3º UTILIZANDO COMO BASE A INTELIGÊNCIA SENTIMENTAL.

Todos os casos apresentados são verdadeiros, porém, como dito anteriormente, nomes, lugares, datas e situações foram alterados para preservar as identidades bem como o desfecho de cada um deles, de forma que a situação real pode ter sido concluída de forma passional com as consequências narradas aqui, mas poderiam ter tido o desfecho racional ou como critério o da INTELIGENCIA SENTIMENTAL.

No final de cada um dos casos narrados tantos as pessoas que estiveram envolvidas no caso (e somente elas poderão pelos detalhes mínimos se identificar) e os demais leitores terão condições de concluir que se tivessem optado pela INTELIGENCIA SENTIMENTAL suas conclusões seriam outras e consequentemente suas vidas seriam diferentes após o desfecho.

Reitero aqui, que esse não é um trabalho de auto ajuda, ou um manual de como viver uma vida plena e feliz.

Considero apenas que essa obra, INTELIGENCIA SENTIMENTAL seja uma importante ferramenta para que possamos tomar melhores decisões baseadas não só naquilo que aprendemos cognitivamente em escolas regulares, tampouco, com base naquilo que aprendemos na escola da vida, mas principalmente naquilo que sentimos.

Pois somos todos, o tempo todo, puramente sentimento.

Que possamos utilizar esse sentimento que SOMOS com a máxima INTELIGENCIA.

PARTE II

CAPÍTULO I

O caso de Germano

Inteligência Sentimental

Germano nasceu no final dos anos 1960 em uma família típica de operários da periferia paulistana. O pai funcionário da construção civil descendia de italianos e a mãe, filha de migrantes nordestinos trabalhava como doméstica em casas de famílias de classe média.

Moravam em um bairro ainda em formação sem saneamento básico, pavimentação e iluminação pública. Somente a água já era encanada.

Havia colégio público, posto de saúde, creche, campo de futebol e muito espaço para Germano e seus amigos passarem as horas do dia brincando. Sua casa se resumia a dois cômodos, uma cozinha onde tinha geladeira, fogão, armário e uma mesa oval com quatro cadeiras estofadas, tudo na cor azul celeste e a um canto duas bicicletas uma prata (a de seu pai) e uma amarela (a dele). O outro cômodo era o quarto. Uma cama de casal encostada na parede esquerda de quem entrava, um guarda roupas de quatro portas na parede do fundo e ao seu lado uma cama de solteiro e de frente a esta uma cômoda com seis gavetas e em cima o xodó da casa: uma TV Telefunken Preto e Branco que a mãe comprara com muito sacrifício e economia para assistir a copa de 1970.

O próximo objetivo da pequena família era adquirir um carro usado. O banheiro da casa era externo e coletivo. Havia mais três casas nos fundos do terreno: irmãs da mãe de Germano também construíram no terreno dos avós suas casinhas para "fugir" do aluguel quando se casaram. Dessa forma o uso do banheiro era sempre um estresse. Banhos tinham de ser controlados, se alguém tivesse dor de barriga e o banheiro ocupado tinha de se virar no quintal, o que gerava outras brigas...

Germano desde cedo aprendera a lidar com essas situações: tomava seus banhos antes que as pessoas começassem a chegar do trabalho à noite e como não gostava de ir para o colégio também sem tomar banho, acordava às cinco da manhã e tomava um banho rápido, antes que acordassem.

Outra regra que tinha era deixar o banheiro sempre seco, assim não reclamavam com ele. Como moravam no início de uma rua com certo declive e o único centro comercial do bairro ficava na parte de baixo da rua, ao lado da escola, Germano muito esperto, saia do colégio e posicionava-se estrategicamente ao lado do mercadinho à espera de alguma senhora com sacolas que fosse subir a rua.

Quando avistava alguma, logo se prontificava a ajudá-la a carregar suas sacolas, como o bairro era pequeno e todos se conheciam, todas aceitavam ajuda e invariavelmente Germano recebia o "troco" das compras como pagamento.

Com isso Germano pôde economizar o suficiente para pedir ao pai que construísse ao lado do banheiro uma ducha e um mictório semiaberto, o que aliviaria o uso do banheiro coletivo. Germano era um visionário.

A vida seguiu seu curso e era quase feliz naquela casa.

A mãe de Germano, no entanto era uma pessoa irresponsável com as finanças. O pai recebia o salário em um envelope lacrado que entregava a esposa. A mulher era que administrava os recursos. Não pagavam aluguel, só pagavam uma cota da água e luz e as despesas do mercado.

Não possuíam conta bancária. Além da renda do pai ainda tinha o salário da mãe. Não viajavam. Não saiam para lugar algum. Não faziam festas. Sequer passeavam. E o dinheiro não dava. Estavam sempre atolados em dívidas.

Com isso o pai de Germano começou a levar o filho aos domingos ao campo de futebol na quadra ao lado. Era a única diversão deles. E começou a beber. No começo um pouco. Uma ou duas doses antes do almoço. Iam para casa almoçavam e ele dormia. Depois ele passou a ficar o dia todo. Depois começou a ir aos sábados. Em pouco tempo já passava no bar todos os dias depois do trabalho, tomava "uma" e ia para casa. Depois só chegava em casa tarde da noite. As discussões com a esposa se tornaram frequentes. As brigas infernais. Germano já não tinha mais paz. Estava com 10 anos.

Decidiu começar a trabalhar. Arrumou um emprego de "contínuo" em um escritório de advocacia depois do horário do colégio.

Sua rotina pouco se alterou no período da manhã continuava acordando as cinco horas tomava seu banho, ia para o colégio ao voltar tomava outro banho, se trocava, almoçava e seguia para o escritório. O trabalho de início era simples, ir aos cartórios e ao fórum, algum serviço de banco ou correio. Às 16 horas já estava liberado, porém Germano era observador e ficava encantado com o modo como as pessoas que trabalhavam no escritório se vestiam, falavam, a gentileza com que se tratavam, os carros que dirigiam. Eles viviam em outro mundo e aquilo o fascinava, mas Germano era discreto e educado.

Certo dia, um senhor desceu de um táxi na porta do escritório no mesmo momento que Germano atravessava a rua. Havia muita gente passando por ali naquele momento. O homem tirou a carteira do bolso, pagou ao motorista e ao guardá-la no bolso deixou-a cair, rente ao meio fio. Germano viu de longe. O homem se afastou e perdeu-se na multidão. Germano atravessou a rua, pegou a carteira e procurou o homem. Não o encontrou. Foi fazer seu trabalho e depois retornou ao escritório. Quando chegou entregou a pasta com os serviços à secretária e também a carteira encontrada.

-Tentei encontrar o senhor que a perdeu, mas não consegui. Se você puder encontrá-lo penso que ele ficaria feliz, disse à secretária e foi para a copa, que era o lugar onde ficava.

Alguns minutos depois foi chamado.

- Germano, o Dr. Miguel quer vê-lo.

Dr. Miguel era o advogado chefe do escritório. Germano sabia que só havia duas situações que alguém era chamado à sala dele: admissão ou demissão. Olhou para a secretária com pavor no olhar.

– O que foi que eu fiz? Ela nada disse.

Trêmulo seguiu o longo corredor seguindo a secretária que o anunciou.

Dentro da sala estavam Dr. Miguel e um senhor que Germano reconheceu de imediato: o homem que perdera a carteira. Quis falar, mas foi o chefe quem falou:

-Esse é o jovem, pai.

-Venha cá meu filho. Qual é seu nome?

-Germano, senhor.

-Quanto você recebe para trabalhar aqui?

-O combinado senhor.

-Boa resposta. E isso é bom ou ruim?

-É o suficiente para quem está aprendendo.

-Você é inteligente. Você me conhece?

-Não senhor.

-Foi você que achou a minha carteira?

-Sim senhor.

-E você a abriu?

-Não senhor.

-Não? Por quê?

-Porque não era minha.

-Você sabia que tinha mais dinheiro ali dentro do que você vai receber em mais de dois anos trabalhando aqui?

-Não sabia, senhor, mas de qualquer forma, o dinheiro não era meu, era do senhor. O que vou receber trabalhando aqui nos próximos dois anos, esse sim será meu, isto é, se eu não estiver demitido.

-Estou curioso, se não sabia quem eu era, se não abriu a carteira, por que não a me devolveu na hora? A entregou na recepção?

-Eu estava do outro lado da rua quando o senhor pagou o taxi e vi quando ao colocar no bolso ela caiu junto ao meio fio. Tinha muita gente passando. Fiquei olhando para a carteira, para os carros para poder atravessar e para o senhor, para não perdê-lo de vista. Tive sorte em não ser atropelado, em conseguir pegar a carteira, mas não em encontrá-lo depois. Até lhe procurei, mas não tive êxito, como tinha trabalho a fazer, coloquei a carteira na pasta e fui trabalhar. Na verdade me esqueci dela até agora.

-Isso me parece bom.

-O que acha filho? Disse o homem se dirigindo ao dr. Miguel.

-Acho que ele está sendo sincero.

-Sim quanto a isso sim. Mas o caráter?

-Parece bom. Firme. Eu teria olhado.

O Velho voltou-se para Germano.

-Meu jovem, quantos anos têm? Estuda?

- Tenho quinze anos senhor. Estou no primeiro colegial.

-Bom. Já pensou em fazer faculdade?

-Senhor, de onde venho os sonhos são limitados pela realidade. Estar aqui neste escritório na condição de funcionário e não de cliente já é uma vitória. Adoraria poder continuar meus estudos, mas sei que já sou vitorioso por estar fazendo o colegial. Dos meus amigos metade pararam na quinta série, outros tantos na sétima. Somente 20 alunos fizeram a oitava. No primeiro colegial, somos apenas quatro, temo que somente um ou dois conseguirão terminar o terceiro e quero muito ser um destes. Faculdade seria maravilhoso, mas além da dificuldade de entrar teria a questão financeira. Como eu disse sonho sim, mas com limitações.

-Gosto da sua sinceridade. Quando fundei este escritório há quase cinquenta anos meu filho estava nascendo. Hoje tenho setenta e cinco anos, meu filho não tem herdeiros. Precisamos de alguém que nos suceda. Alguém que se não tiver nosso nome, que tenha nosso brio, nossa gana e caráter. Parece que você reúne essas condições. Vou lhe propor uma coisa. A partir de hoje você vai trabalhar aqui dentro. Vai ser um aprendiz de advogado, um rábula. Vai ler processos, aprender a redigir peças, fundamentar, debater, enfim, vai se preparar para ser um advogado de verdade. Seu salário vai aumentar um pouco para comprar roupas melhores e poder comprar livros e estudar. Se prepare para a faculdade. Se passar no vestibular o escritório lhe pagará as despesas a título de adiantamento, depois de formado, será sócio da banca e devolverá o que lhe pagamos.

-Temos um acordo?

Germano não soube o que dizer.

Meneou a cabeça, lágrimas escorriam pela sua face. Um turbilhão de emoções o arrebatava.

-Então estamos entendidos, futuro colega.

O ancião estendeu-lhe a mão e apertou-a com vigor.

-Não me decepcione.

-Nunca vou decepcioná-lo. É uma promessa.

Dizendo isso saiu da sala.

A vida de Germano começara a mudar para sempre.

O tempo passou e tudo transcorreu conforme planejado. Germano era estudioso, aprendia rápido e antes de entrar na faculdade já conhecia os Códigos com Profundidade. Tinha uma análise interessante dos fatos, levantava teses, defendia-as com pontos de vista interessantes. Aprendera francês e inglês sozinho. Era leitor voraz. Conquistara o respeito até de advogados mais velhos. Muitos tentaram levá-lo para seus escritórios, oferecendo muito mais do que recebia. Germano, gentilmente recusava todas as propostas e sempre contava ao sr Miguel, o pai, das propostas que recebia. Nunca precisou pedir aumento.

Comprou um terreno para a mãe. Construiu uma casa com três quartos, sala cozinha e banheiro dentro, garagem, área de serviço. O pai continuava bebendo. As brigas eram intermináveis. Mas Germano já não tinha mais tempo para isso. Todo seu tempo era para o colégio de manhã, o trabalho a tarde e o cursinho à noite. O vestibular seria em pouco tempo. Ele precisava passar. Passou. Universidade São Francisco.

A vida virou uma loucura. Trabalho e estudos consumiam 20 horas de seu dia. Não tinha tempo para nada nem ninguém. Não percebeu que a família havia desmoronado. Havia levado conforto à sua casa. Construíra uma casa para seus pais é verdade, mas não um lar. Seu pai tornara-se um alcoólico, sua mãe descontava a frustração em compras de coisas supérfluas, trabalhava cada vez menos e a gastava cada vez mais com bobagens.

Até que um dia o pai teve um AVC. Germano estava no segundo ano, saiu da aula, foi vê-lo no hospital, e sentiu que era o fim. O enterro foi uma semana depois.

Germano sentiu o golpe. Quis ficar perto da mãe. Pediu uns dias de folga no escritório e foi prontamente atendido. Ele nunca tirara férias nos cinco anos que estava lá.

Uma semana depois Germano voltou a rotina, mas um dia indo para a faculdade viu um jovem passeando com a mãe na rua. Ficou pensando que ele nunca havia passeado com a mãe nas imediações da universidade que ele estudava. Nem em lugar algum. Resolveu ir para casa, pegar o carro e levar a mãe para dar uma volta. Fazia 17 dias que seu pai tinha morrido.

Entrou em casa feliz pela porta da cozinha que sempre ficava aberta, a casa em silêncio, tudo apagado apesar de ser menos de vinte horas, foi ao quarto da mãe e aí viu a pior cena de sua vida: a mãe, na cama em que até duas semanas atrás dormia seu pai, transando com outro homem.

Germano acendeu a luz, olhou nos olhos dela e disse:

-Eu entendo o desejo. Mas na cama dele? O corpo ainda nem esfriou! Como pôde fazer isso com ele? Como pode fazer isso comigo? Aqui? Você nunca mais vai me ver.

Entrou no seu quarto, pegou todas as suas coisas, carregou no carro trancou o portão e tocou a campainha. A mãe saiu chorando ele jogou as chaves e disse: Cuidado com que vai fazer da sua vida, poderá morar aqui o quanto quiser, mas a casa não poderás vender pois está em meu nome. Nunca mais saberás de mim, mas eu sempre saberei de você, quando eu quiser saber. Cuide bem dos meus irmãos menores, cuide para que continuem estudando e sejam boas pessoas.

Entrou no carro e partiu. Para nunca mais.

CAPÍTULO II

Análise do caso Germano

UTILIZANDO COMO BASE UMA DECISÃO PASSIONAL.

Inteligência Sentimental

Todas as decisões que tomamos na vida trazem consequências. O objetivo aqui não é descortinar o que aconteceu no futuro de Germano, se sua decisão foi acertada, se houve arrependimentos, se voltou atrás em sua decisão. Não é a isso que este estudo se presta. Vamos analisar a decisão em si e como ele se sentiu afetado pela situação proposta.

Germano é jovem e muito esforçado, determinado e tem vontade de mudar sua realidade. Germano está ainda sofrendo o luto pela perda do pai, logo, naquele momento lhe pareceu inadmissível que a mãe estivesse mantendo uma relação amorosa tão pouco tempo depois da morte do marido.

Germano deixa isso evidente quando diz "Ele nem esfriou ainda".

Agindo de forma passional, Germano se sente ofendido, pensa que a memória do pai está sendo desrespeitada e por isso vai embora de casa e abandona a família do qual era provedor.

Um momento de reflexão mais profundo, um distanciamento físico poderia fazê-lo pensar e ponderar em sua decisão, mas Germano agiu de forma passional, deixou-se levar pela emoção e seguiu sua vida para longe da mãe e da familia.

O que o futuro lhe reservou não está em discussão, nem tampouco julgamento de sua decisão.

Cabe aqui apenas afirmar que se tivesse utilizado a razão ao invés da emoção o desfecho poderia ter sido outro. Se melhor ou pior, não sabemos. Apenas diferente.

CAPÍTULO III

ANÁLISE DO CASO GERMANO

UTILIZANDO COMO BASE UMA DECISÃO RACIONAL

Ao chegar em casa e se deparar com a cena Germano olha com tristeza o que vê. Sente que aquilo não está certo, porém nada diz. Sai de casa e anda pelas ruas do bairro sem rumo tentando compreender a situação.

Talvez encontre um amigo em quem confia e pode se abrir. Chora, desabafa. É certo que também está com raiva.

Mas ela é sua mãe. Acabara de perder o pai, não poderia também perde-la ou abandoná-la.

Então depois de muito pensar Germano volta para casa. Encontrará por certo a mãe também em estado emocional abalado. Ela sabe que não foi correto o que fez. Não, não é o ato em si que é condenável, ela tem todo o dierito de se relacionar com outro, afinal é uma mulher ainda jovem e bonita. Também não se sabe como estava a relação dela com o pai de Germano. É possível que ambos não mais se interessavam um pelo outro, talvez ele também tivesse amantes, talvez o homem com sua mãe já fosse um caso antigo. Nada disso importa.

O que importa aqui foi o local. O quarto até onde pouco tempo atrás seu pai dormia, a mesma cama.

Esse é o motivo da revolta de Germano.

Partindo de uma decisão racional seria possível imaginar que após voltar para casa de pois de "esfriar" a cabeça Germano e sua mãe conversariam. Ele exporia o que pensa sobre o assunto, ouviria dela os motivos, talvez um pedido de desculpas por ter se encontrado com um homem em sua casa.

E Germano como provedor da casa proporia uma solução:

- Faças o que quiser com quem quiser, mas não aqui. Esta é a casa que meu pai construiu, penso que ainda é muito cedo para que outro homem esteja aqui. Deixe o tempo passar. Respeite a memória dele por agora.

E fatalmente terminariam a noite entre lágrimas, pedidos de desculpas e a vida seguiria.

Com o tempo Germano acabaria entendendo que quem morrera foi seu pai e sua mãe teria o direito de tentar uma nova relação. Certamente Germano sempre se lembraria daquele fato e possivelmente nunca perdoaria de fato sua mãe pelo acontecido, mas conseguiria conviver em harmonia com ela, ainda que não a tivesse perdoado verdadeiramente. Também é possível que vez ou outra em meio as discussões que acometem todas as relações familiares Germano recorreria ao fato para atingir sua mãe.

CAPÍTULO IV

O CASO GERMANO

UTILIZANDO COMO BASE A INTELIGÊNCIA SENTIMENTAL

Inteligência Sentimental

Como vimos as duas soluções propostas deixariam algumas marcas. Na passionalidade haveria o rompimento e talvez nunca mais acontecesse a reaproximação.

Na segunda hipótese a relação não seria rompida, mas as marcas ficariam para sempre, como ferida que não cicatriza direito e vez por outra teima em doer.

Se Germano tivesse acesso a **Inteligência Sentimental** a resolução de seu caso seria diferente.

É fato que Germano encontrava-se ainda em luto, vivenciando a perda do progenitor e, portanto, nada mais natural que estivesse triste. Estranho seria o contrário.

Pelo caso narrado também fica claro que ao morrer o pai, Germano tornara-se arrimo da família.

Analisando o caráter reto de Germano pode-se analisar que caso tivesse controle de seus Sentimentos ele teria tido uma atitude diferente.

O luto que vivenciava era real, sua dor pela perda do pai era legítima como também o sentimento de traição que lhe acometeu ao flagrar a mãe com o amante no leito que poucos dias antes era ocupado por seu pai.

Então o que mudaria?

A mudança que a Inteligência Sentimental propõe neste caso não é a de desvalorizar o que Germano sente, mas de dar o peso correto que o Sentimento tem.

As dores do luto precisam ser sentidas e nunca devem ser desprezadas, fazem parte do crescimento do SER em sua jornada em busca de uma vida mais tranquila e com qualidade.

A emoção (como já dissemos) é sempre voluntariosa e difícil de controlar em um primeiro momento e é legitimo que se dê asas a sua manifestação, no entanto quando o individuo tem controle sobre seus Sentimentos por meio da Inteligência Sentimental, essa explosão passional é menos danosa. O Individuo é capaz de expressar o que sente no momento, mas tem absoluto controle sobre o que diz e como age, minimizando os danos futuros.

Germano, fizesse uso da Inteligência Sentimental teria expressado seu descontentamento e até reprovação sobre a atitude da progenitora, mas não fecharia questão e de posse do controle de seus Sentimentos, deixaria a cena presenciada, iria para algum lugar tranquilo, a casa de um amigo, um hotel, enfim, qualquer lugar que pudesse se reequilibrar e após ter adquirido a tranquilidade necessária, voltaria a ter com a mãe expoondo seu descontentamento sem desvalorizar o que ela sentia por seu amante, fosse amor, companhia ou mesmo tesão.

E então, de forma madura ambos estabeleceriam novas regras de convivência em seu lar.

A Inteligência Sentimental seria no caso de Germano um pilar importante para a forma de lidar com a situação exposta, valorizando suas emoções sem no entanto, permitir que suas decisões futuras descortinassem o desfecho que teve.

A felicidade do Ser está centrada na forma como este controla seus Sentimentos.

www.ingramcontent.com/pod-product-compliance
Lightning Source LLC
LaVergne TN
LVHW010610160826
845677LV00013B/3345

* 9 7 9 8 3 5 3 0 6 9 0 1 0 *